KOMPAKTFÜHRER

Mykonos

2022

WERBE- UND SPONSORENFREI
FÜR DIE EMPFEHLUNGEN WURDEN KEINERLEI
GRATISLEISTUNGEN ENTGEGENGENOMMEN

Informationen STAND DEZEMBER 2021

Herausgeber Apostolos Nikolaidis

Impressum
Copyright Apostolos Nikolaidis
Bildnachweis Seite 74
© 2021
Herstellung und Verlag: BoD – Books on Demand,
Norderstedt.
ISBN: 9783755752561

Zwei Gruppen von Touristen sind auf Mykonos definitiv verkehrt: die Freunde von klassischem Sightseeing (dafür gibt es zu wenig zu sehen – außer Delos) und Gäste, die Ruhe finden möchten.

Wer hingegen Party, Trubel und Shopping liebt, ist hier richtig. Auch Freunde zeitgenössischer Kunst lieben Mykonos wegen seiner zahlreichen Galerien. Und nirgendwo (außer vielleicht auf Santorin) hat man einen so fantastischen Blick auf die Ägäis mit ihren fast schon unwirklich schönen Sonnenuntergängen. Mykonos galt und gilt als sehr liberal, deswegen ist es ein beliebtes Reiseziel für Gays und Lesbians, aber ohne, dass dies aufdringlich wirkt. Locker, leger und tolerant: das ist Mykonos.

Mykonos trägt auch den Beinamen **„Insel des Windes"** und dies mit vollem Recht. In den eigentlich heißen Monaten Juli bis September sorgt der Nordwind, der Meltemi, für **deutlich niedrigere Temperaturen als in Deutschland.** Richtig heiß ist es daher oft nur in der Nebensaison Mai und Oktober. **(Heißester Tag 2021 war der 5. Oktober (!) mit 33 Grad) Der Wind** kann extrem störend und kühl sein. **Man braucht daher immer ein Jäckchen für kühlere Windabende** – auch im Juli/August! Und wenn Sie sich fragen, „Wozu habe ich bei der Hitze langärmlige Shirts eingepackt?": Es bläst garantiert am nächsten Tag ein in Böen kalter Wind.

Und wir reden hier nicht von süddeutschem Wind (1-2 Stärke), sondern von 4-6 bft normal.

Vor der Reise

.. schaut jeder Urlauber im Internet nach dem Wetter – und da passiert der gröbste Fehler:
Man schaut, ob die Sonne scheint (ja) und nach den Temperaturen (meist 25 Grad, egal wann).
ABER: Entscheidend ist die Frage: wie stark ist der Wind!!
Steht unter „WIND": N 4-6, in Böen bis .. – dann heißt das: der „Meltemi" bläst in Sturmstärke und 25 Grad werden gefühlt zu 15. Die Sonne scheint deswegen trotzdem.
Noch einmal: wer Hitze will, ist hier verkehrt!
Im Juli 2021 blies der Wind an allen 31 Tagen – abends auf dem Balkon in kurzer Hose? Meist nur im Mai und Oktober.
Haben Sie für Oktober gebucht? Alles richtig gemacht und Glückwunsch!
Im Juli/August?
NIEMALS ohne langes Shirt oder Jäckchen!

ZWEITER FEHLER: Mykonos ohne Fahrzeug ist sinnlos, denn alle Strände liegen außerhalb von Mykonos-Stadt, natürlich damit auch die Beach-Clubs. Es gibt zwar Busse, aber … Ohne Auto/Quad wird Ihr Urlaub zum Alptraum. Sie sind **unter 21**? Dann wird Ihnen niemand ein Auto/Quad leihen – schwierig.

Eine Checkliste finden Sie ganz hinten!

4

Ankunft

Der Flughafen ist ein kleiner Inselflughafen ~~~~ er von Fraport betrieben und umgebaut wurde. Meist legen Sie den Weg vom Flieger zum Terminal zu Fuß zurück

Der Airport liegt direkt am Rand von Mykonos-Stadt (max. 10 Minuten vom Zentrum, auf Griechisch „Chora"). Selbst zum anderen Ende der Insel (Kalafati) beträgt die Transferzeit nicht mehr als 25 Minuten.

Aktuelle Informationen samt Flugplan für 2022 finden Sie auf Seite 68!

Der Taxitransfer ins Zentrum kostet zwischen 12-14 €.
Zwischen 9.15 und 21.15 Uhr fährt stündlich ein Bus zum Zentrum.
Generell sind Taxis billiger als in Deutschland, aber: mitunter müssen Sie vor allem im Zentrum lange
warten, bis ein Taxi kommt (Taxistand: Promenade - neben dem Denkmal).

Zur **Einreise** benötigten Sie 2021 ein Online-Visum.
Beantragung unter www.travel-org.gr.
(Für jedes Familienmitglied einzeln!).

Das Visum erhalten Sie in Form eines QR-Codes, den Sie unbedingt ausdrucken sollten. Ohne Code keine Einreise!

Allgemeine Daten

Mykonos gehört zu den Kykladen (bedeutet: Ringinseln) in der Ägäis. Die Insel ist knapp 100 qkm groß mit etwa 15.000 Einwohnern. In der Länge misst Mykonos ca. 25 km.

Es gibt nur zwei Siedlungen in unserem Sinne: Mykonos-Stadt (Chora) und das kleine Dorf Ano Mera. Delos ist eine separate Insel, die aber zu Mykonos zählt und der eigentliche Ursprung der Besiedelung ist. Die zweite Nachbarinsel Renia ist wie Delos im Prinzip unbewohnt. Dragonisi mit seinen Grotten ist die vierte Mykonos-Insel.

Häfen

Es gibt 3 Häfen auf Mykonos, deren Bezeichnung irreführend sein kann.

Der URALTE HAFEN ist der historische an der Uferpromenade. Von dort starten die Schiffe nach DELOS und der SEABUS zum neuen Hafen.

Später baute man am anderen Ende der Promenade einen neuen Hafen, der aber heute meist als OLD PORT bezeichnet wird. Dort halten/starten nur Fahrten nach Delos bzw. der SEABUS zum NEW PORT.

Kaufen Sie Ihre Tickets im Büro an der Uferprome-nade. Dort gibt es i.d.R. keine Schlangen.

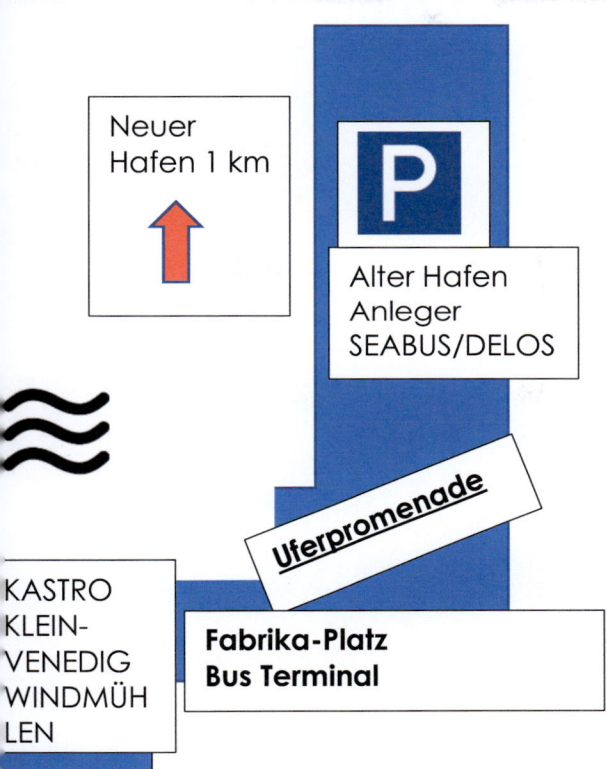

Die großen Fähren landen im Kreuzfahrthafen (NEW PORT) an. Dieser liegt 1 km nördlich der Altstadt. Es besteht ein Bus-Pendelverkehr vom Old Port. Gehen Sie bitte NICHT zu Fuß zum NEW PORT, denn es gibt KEINEN Fußweg.

Folgende Häfen werden angesteuert:
Piräus(Athen), Rafina(Athen), Heraklion (Kreta), Santorin, Ios, Naxos, Paros , Kiathos, Syros, Thessaloniki und Tinos.
Vom NEW PORT (Kreuzfahrt) fährt alle dreißig Minuten zwischen 7.30 und 23.30 Uhr ein Boot (SEABUS) zum historischen Hafen an der Promenade (Fahrtzeit 5 Min, 2 Euro). Da es am Abend im Hafen genug Parkplätze gibt, ist es vor allem für auswärts wohnende Touristen

7

eine bequeme und nervenschonende Alternative zur Autofahrt in die Altstadt.
www.mykonos-seabus.gr

Verkehr

GROBSCHEMA MYKONOS-STADT-VERKEHR

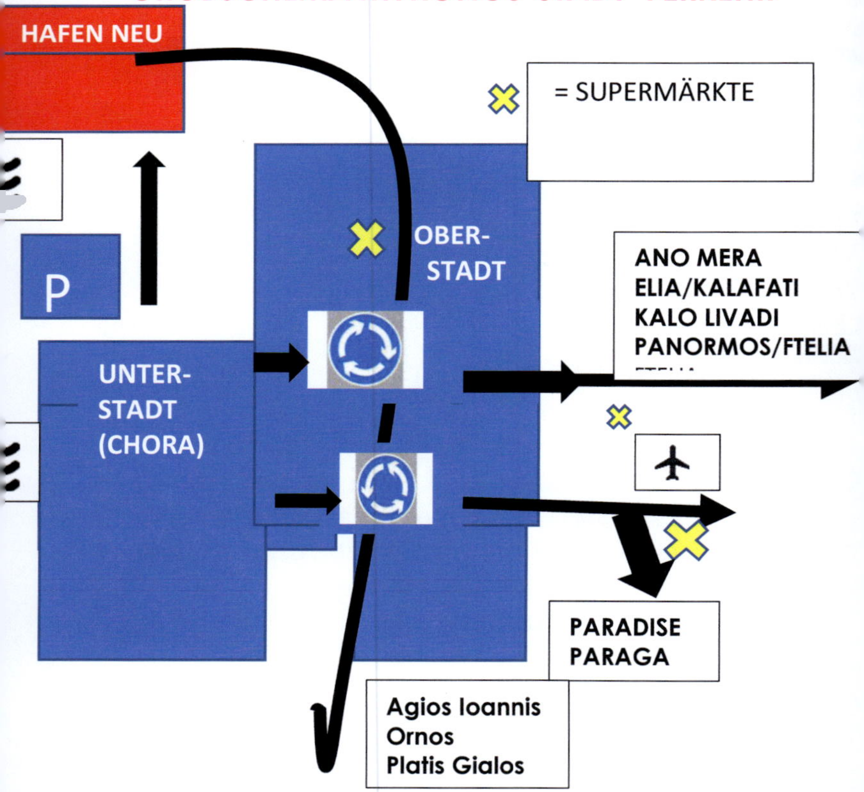

HAFEN NEU

✖ = SUPERMÄRKTE

✖ **OBER-STADT**

**ANO MERA
ELIA/KALAFATI
KALO LIVADI
PANORMOS/FTELIA**

P

**UNTER-STADT
(CHORA)**

✈

✖

✖

**PARADISE
PARAGA**

**Agios Ioannis
Ornos
Platis Gialos**

Detaillierte Karte Insel Seite 39 / Altstadt Seite 44/75
Fahren auf Mykonos gilt als gefährlich, aber nicht wegen der griechischen Fahrweise. Vielmehr sind die

8

Straßen in schlechtem Zustand, sehr eng und voller Schlaglöcher.

Hinzu kommen Hunderte von ATVs (oder Quads), die von Touristen gesteuert werden, die aber vorher noch nie ein ATV gefahren sind. Es sind die Touristen, die das Fahren so gefährlich machen. Schneller als 50 km/h geht es ohnehin nie aufgrund des dichten Verkehrs. Achtung: An Stopp-Schildern wird in der Regel nicht gehalten, Sie sollten es dennoch tun. Kommt Ihnen ein Bus entgegen: Besser anhalten, denn in Kurven kann es eng werden. Polizei ist wenig unterwegs und lässt Touristen meist in Ruhe. Überprüfen Sie bei Rückkehr zum Auto immer, ob Sie angefahren wurden. Unfallflucht gilt unter jüngeren Touristen oft als Kavaliersdelikt (und nicht immer sind sie nüchtern). Die Helmpflicht wird nur alle Jubeljahre kontrolliert.

Achten Sie immer auf den Gegenverkehr. Griechen überholen auch bei entgegenkommendem Verkehr und ignorieren durchgezogene Linien.

Ein großes Problem ist das Parken im Zentrum oder an manchen Stränden (siehe Strände + P-Karte.)

AM NÖRDLICHEN ENDE DER ALTSTADT (RI. NEUER HAFEN) FINDEN SIE EINEN GROSSPARKPLATZ (kostenlos).
Wollen Sie nach Mykonos-Stadt, so folgen Sie der Beschilderung „CHORA"!

Fahren/ Autovermietung

Auf Mykonos benötigen Sie ein Fahrzeug, denn fast alle Strände liegen außerhalb der Stadt, vor allem die schönen. Zwar gibt es ein öffentliches Bussystem, aber bei 30 Grad 20 Minuten in einem vollen Bus zu stehen, ist nicht jedermanns Sache.

Achtung: Beim Tanken müssen Sie auf den Tankwart warten, Selbsttanken ist nicht erlaubt. Mit Bleifrei 95 liegen Sie meist richtig. Sprit ist generell extrem teuer in Griechenland, hinzu kommt der Inselaufschlag (Bleifrei 95 ca. 2,10). Tankstellen finden Sie an allen Ausfallstraßen (Richtung und in Ano Mera, Richtung Ornos und Richtung Neuer Hafen).

Die Preise für Mietwagen sind bei den großen Vermietern selbst bei Vorausbuchung zum Teil grotesk hoch, die Fahrzeuge meist beschädigt (was die Beweispflicht bei Schäden enorm erschwert). Buchen Sie Ihr Auto/ATV/Motorrad vor Ort.
Dabei beachten Sie:

Quads sind eine gute Wahl angesichts der Parkplatznot. **Aber: Sparen Sie nicht an der Leistungsstärke, sonst kommen Sie zu zweit die Hügel vom Strand nicht hinauf! Ein grober Fehler, der immer gerne gemacht wird!!**

Und: Machen Sie vor Fahrtantritt Fotos/Videos von eventuellen Schäden!

Car Rental Sahas, Mykonos-Tagoo (Nord)
Tel: +30 22890 22112
Handy +30 693 6826864
rentals@sahas-mykonos.gr

Oberhalb der Uferstraße Richtung Neuer Hafen. Preiswert, tadellose Fahrzeuge und guter Service – das zeichnet diese Autovermietung aus. Man holt Sie vom Flughafen ab und bringt Sie bei Urlaubsende auch kostenlos wieder zum Airport. Alternativ bringt man Ihnen das Fahrzeug auch in Ihr Hotel bzw. können Sie es dort abstellen. Zur Rückgabe müssen Sie nicht zur Station zurück. Man ist immer freundlich und hilfsbereit.

Zur Autovermietung gehören auch Appartements und Suiten, die preiswert und sehr gut ausgestattet sind (siehe „Übernachtung/Appartements".

Einkaufen

Vor dem eigentlichen „Shopping" noch einige Hinweise für Selbstversorger. Bis vor kurzem gab es in Griechenland keine großen Supermärkte, da man die zahllosen Tante-Emma-Läden schützen wollte (Mini-Markets). Auf Mykonos gibt es nun vier **große** Supermärkte: Einen an der Umgehungsstraße vom Hafen zum Kreisverkehr („AB") und vom Kreisverkehr in Richtung Ano Mera, nach 300 m auf der rechten Seite („proton"). Die meisten Waren sind für uns Deutsche teuer, aber das liegt eher daran, dass Lebensmittel bei uns sehr billig sind. Alle Supermärkte haben bis 21 Uhr geöffnet, sonntags nur vormittags. An Sonntagen kann man auf die zahlreichen Mini-Märkte ausweichen.
Der dritte Supermarkt(flora) liegt am Flughafen und hat eine Besonderheit: dort legt mitunter ein DJ auf.
House vor der Kühltheke? Wer´s mag ... Nummer vier (flora) liegt in Ano Mera am großen Parkplatz.

Geldautomaten/Banken

Geldautomaten finden sich mehr als 30 über die Insel verteilt, teilweise direkt an den Stränden (Ornos und Kalafati). Sie sind mit dem internationalen Zeichen ATM versehen. **Problemlos**

funktionieren die ATMs von Piräus Bank und Alpha – die anderen zicken mitunter, besonders EURONEXT (Finger weg!)

In der Altstadt gibt es zahllose Stellen (z.B. an der Alphabank und zwischen Taxistand und Hafen). Auf die Bank geht man in der Regel nicht, denn die Öffnungszeiten sind nach deutschen Maßstäben kurios.

Shopping

Für Shopping auf Mykonos gilt: es gibt alles, was das Herz begehrt, aber zu hohen Preisen. Das Besondere ist die große Anzahl kleiner Boutiquen und Läden, die Exquisites und Außergewöhnliches bieten und sich wohltuend abheben vom Angebot der üblichen Kettenläden.
Shopping-Center wie in Deutschland gibt es auf Mykonos nicht. Die ganze Altstadt *ist* die Shopping-Mall.
Gerade die Galerien von Mykonos genießen internationalen Ruf. Mit dem entsprechenden Geldbeutel gehört die spektakuläre Skulptur oder das innovative Gemälde Ihnen.
Wie in ganz Griechenland sind Leinenwaren (Hemden und Blusen) typisch und meist billiger als in Deutschland. Vorsicht bei „Rabattschildern" besonders bei Kettenläden: achten Sie hier auf den Ursprungspreis. Ab Mitte September gibt es

tatsächliche und große Rabatte bei Bekleidung und Schuhen. Räumungsverkäufe setzen in den ersten Oktobertagen ein. Mehr zu Shopping und den Galerien später unter „Altstadt".

Zigaretten kosten aktuell vier Euro pro Päckchen. Kioske mit großer Auswahl (auch Zigarren) finden Sie am Kreisverkehr Richtung Ano Mera und im Zentrum neben dem Taxistand am Ostende der Uferpromenade. Übrigens: Sie dürfen – trotz Schengen-Flug - vier Stangen nach Deutschland einführen. Sie können die Stangen auch im Duty-Free beim Rückflug kaufen, ein Verkaufsverbot bei Schengen-Flügen wie bei uns gibt es am Flughafen Mykonos NICHT.

Sicherheit

Generell sind kleine Inseln – mangels Fluchtmöglichkeit – besonders sicher. Dies gilt auch für Mykonos. Es häufen sich allerdings Diebstähle aus offenen Autos. Für Gays/Lesbians ist Mykonos einer der sichersten Orte überhaupt. Übergriffe gab es in den letzten Jahren keine. Auch kein Wunder: die Gefahr für den *Angreifer* wäre viel zu groß.

Strände

Vorweg: Die Ägäis ist kein Warmmeer. Durch die kühlen Nordwinde ist das Wasser beileibe keine Badewanne. Auch in Hochsommermonaten liegt die Wassertemperatur bei max. 24 Grad – bei Hitze natürlich hochwillkommen, in der Vorsaison ist es meist zu kühl (Mai etwa 20 Grad).
Die Strände in der Ägäis sind natürlich keine Karibik-Strände. Sie sind meist kleine Sandstrände, oft von Felsen umrahmt. Unsere Strandempfehlungen orientieren sich an Schönheit, heißt: das, was wir für einen schönen Strand halten – Sand, Weite, schöne Lage und wenn möglich auch Dünen... Die berühmten Partystrände Paradise und Super-Paradise folgen am Schluss, denn hier spielt Schönheit keine Rolle. Wer dorthin geht, will nur eines: Party und Flirten.

Zu fast allen Stränden fahren öffentliche Busse.

Diese sind aber oft überfüllt und die Fahrzeiten zum Teil lang (Kalafati). **Das zentrale Busterminal befindet sich am Fabrika Platz**. Der Fabrika-Platz befindet sich am südlichen Ende der Altstadt (Uferpromenade = nördliches Ende, siehe Plan Seite 7 und 80.)

Am OLD PORT gibt es ein weiteres (zum New Port und Agios Stefanos).

Der Fahrpreis hängt vom Fahrtziel ab, liegt aber meist unter 2 Euro. Nachtbusse sind etwas teurer.

Alternativ gib es die Möglichkeit des Strand-Hopping mit dem Boot – Aussteigen dort, wo es einem gefällt. Kein Stress mit Fahren, Parken oder Bus. In der Nebensaison werden aber nicht alle Strände mehr angefahren. Mitunter beginnen die Touren erst am Platos Gialos. Bitte aktuell im Hotel erfragen oder am Schalter.

Und noch eines: direkt an der Promenade gibt es einen kleinen Strand. Dort nicht baden, denn das Wasser ist nicht sauber (Öl und Kolibakterien!

1 PANORMOS / PARKEN ohne Probleme

Panormos gilt als schönster Strand von Mykonos. Er ist breit und lang, als Einziger mit Dünen, mit fantastischem Blick in die Bucht, in der oft Segelschiffe vor Ort liegen.
Der Strand ist ca. 15 Min. vom Zentrum entfernt und der einzige große Nordstrand. Hier ist es durch den Nordwind oft ein paar Grad kühler als an den anderen Stränden im Süden der Insel (daher sollte man ein großes Badetuch zum Einwickeln immer dabeihaben). Spektakulär ist die Abfahrt hinunter zum Strand. Ein grandioser Blick auf Meer und Strand.

Der Strand wird betrieben vom Club Principote – www.principote.com - einer Clubanlage mit Bars, Restaurants und Strandbetrieb. Zutritt für

17

jedermann möglich, allerdings etwas teuer. Über einen Cappuccino für 8 Euro oder eine Pizza für 40 € sollte man sich nicht wundern. Dafür ist die Atmosphäre tags gepflegt, die Sanitäranlagen exklusiv. Natürlich können Sie sich auch kostenfrei in die Dünen legen.

Parkplätze direkt vor Ort in großer Anzahl. Oberhalb des P befinden sich noch kleinere und billigere Restaurants.

Ist man gut zu Fuß, so erreicht man über steile Stufen den nördlich gelegenen Kleinstrand, in der Nebensaison ist man dort mitunter ganz alleine. Etwas weiter nördlich liegt AGIOS SOSTIS, ein sehr schöner Strand, den hauptsächlich Insulaner besuchen. Das Restaurant „Kikis" ist ein Dauerbrenner, auch unter Griechen.

2 KALO LIVADI (SOLYMAR) PARKEN ohne Probleme

Es gibt auch auf Mykonos „Geheim-Tipps" in Sachen Strände. Von den Massen verschont bleibt noch immer Kalo Livadi, mein Favorit. Ein wunderschöner, feiner Sandstrand, 15 Min. vom Zentrum entfernt im Südosten. Zufahrt über/durch Ano Mera, nach der

18

Tankstelle **links (nicht rechts wie angezeigt).** Bevor es links nach Kalafati hinuntergeht, fahren Sie geradeaus und dann hinunter nach Kalo Livadi. Der Strandbereich wurde gerade renoviert, die Straße hinter die Restaurants verlegt und die alte Straße bepflanzt. Das **Solymar (s.u.)** ist ein hervorragendes Restaurant, auch der Strandservice flink und freundlich. Allerdings nicht ganz billig, denn: Kalo Livadi gilt als Promi-Strand. Rund herum liegen mit die teuersten Villen. (daher auch der rege Helikopter-Verkehr). Da Promis den Rummel oft meiden, gehen sie eher nach Kalo Livadi als zum Paradise. Auf vielen Karten ist Kalo Livadi gar nicht eingezeichnet, um das „Fußvolk" draußen zu halten. Es fährt auch kein Bus zu diesem Strand.
Am westlichen Rand der Bucht entsteht gerade eine Seilbahn. Sie wollen mit dem Hubschrauber zum Strand? Kein Problem: Kalo Livadi hat einen eigenen Heliport.

19

3 KALAFATI **PARKEN ohne Probleme**

Kalafati liegt im Südosten der Insel, 20 Min. vom Zentrum entfernt (mit Bus 30 Min.) Folgen Sie der Beschilderung nach Ano Mera, durch den Ort hindurch und dann immer der Hauptstraße nach. Auch hier gilt: spektakulärer Blick auf Meer und Strand. Der Strand ist der längste auf Mykonos und ein reiner Sandstrand. Wegen der Windverhältnisse ist es DER Windsurferstrand, mit der Möglichkeit von Kursen. Windsurf-Shop direkt am Strand (www.(pezi-huber.com).
An der oberen Zufahrt findet sich links ein preiswertes Restaurant mit Panorama-Fenstern. Unterhalb finden sich Liege- und Sonnenstühle, die kostenfrei sind.
Am hinteren Ende findet man das „Aphrodite", eher exklusiv und etwas teuer, dafür in das Meer hineingebaut.

4 ORNOS PARKEN gut

Ornos ist ein ruhiger, windgeschützter Strand, auch für Familien, da hier das Meer flach ist.
Vom Zentrum kommend (egal ob über die Ufer- oder Umgehungsstraße) erreichen Sie nach 100 m einen großen, kostenlosen Parkplatz (daneben auch 2 Bäckereien und ein Supermarkt). Von dort sind es noch 300 m zu Fuß zum **äußeren** Strand.
ACHTUNG: Folgen Sie dem Schild „Ornos Beach". Gleich daneben ist eine Straße, die nur vermeintlich zum Strand führt!
Am Strand finden sich zwei gute Restaurants sowie eine hübsche Bar, mit überwiegend griechischem Publikum, davor übrigens links ein Geldautomat. Gehen Sie nach links, so stoßen Sie auf ein sehr gutes Restaurant, das „Apaggio" – mit für diese Lage moderaten Preisen.
Der **innere** Strand von Ornos am großen Parkplatz ist den Kite-Surfern vorbehalten. Er ist i.d.R. auch zu windig zum Sonnen.
ABER: Die Wasserqualität ist an beiden Stränden schlechter als in Kalo Livadi oder Panormos.

Ornos Kite-Surfer-Strand

21

5 ELIA Parken sehr gut

Zugegeben: Elia ist nicht leicht zu erreichen: zuerst nach und durch Ano Mera, nach der Tankstelle RECHTS (links geht es nach Kalafati) und dann geht es über enge Serpentinen nach unten. Dann aber erwartet einen ein breiter Sandstrand. Direkt nebenan findet sich ein gutes Restaurant mit akzeptablen Preisen. In den letzten Jahren entwickelte sich Elia zum wichtigsten Gay-Strand (rechts der Regenbogenfahne).
Oberhalb liegt eines der besten Hotels der Insel, das Myconian Imperial Resort & Thalasso Spa Center.

Elia

6 FTELIA Parken sehr gut

Am südlichen Ende der Nordbucht liegt Ftelia, ein besonders unter Windsurfern beliebter Strand, direkt von der Hauptstraße nach Ano Mera links zu sehen. Abfahrt links nach den S-Kurven. Zugegeben: die Zufahrt sieht nach Mondlandschaft aus. Fahren Sie am Ende der Straße nach rechts. Hinter dem großen Felsen liegt eine der schönsten Kleinbuchten der Insel samt einem guten Restaurant/Beachclub („Alemagou"), das in den Hügel hineingebaut wurde – www.alemagou.gr

7 AGIOS STEFANOS PARKEN schwierig

Agios Stefanos ist der stadtnäheste Strand, ca 1 km nördlich der Stadt. Wer nicht lauffaul ist, nimmt den Sea-Bus vom Alten zum Neuen Hafen, von dort sind es noch 500 m zu Fuß, allerdings ansteigend. Vom Alten Hafen fährt aber auch ein Bus nach Ag. Stefanos.
Es ist einer der ruhigeren Strände, mit einem hervorragenden Restaurant 50 m oberhalb des Strandes, dem „Limnios" Dort essen auch sehr viele Griechen, immer ein gutes Zeichen.

8 Paradise/Super Paradise **Parken schwierig**

Warum landen die bekanntesten Strände auf den hinteren Plätzen? Vielleicht gerade deswegen. Wer von einem Strand Schönheit und Ruhe erwartet, ist hier verkehrt.
Wer hingegen House-Music und Trubel schon ab Mittag wünscht, für den ist Paradise tatsächlich ein Paradies. Zumal nachts, wenn die Tropicana- und Cavo Paradiso-Clubs die bekanntesten Night locations der Insel sind.
Paradise war ursprünglich ein reiner Gay-Strand. Als sich immer mehr Heterosexuelle dort breit machten, zogen Schwule und Lesben eine Bucht weiter nach Super Paradise.

Das Taxi zu Paradise/Super Paradise kostet etwa 15 €.

Super Paradise

9 Paraga **PARKEN gut**

Eine Bucht vor Paradise (westlich) liegt Paraga,
ein kleiner Sandstrand mit weniger Trubel als an
den Paradise-Stränden.
An Paraga liegt mit dem „Scorpio´s" der aktuell
angesagteste Beachclub.

Paraga

25

10 Platis Gialos **Parken ein Alptraum**

Ein Strand zum Vergessen. Komplett zugebaut. Die Liegen stehen teilweise im Wasser und so eng, dass Sie den Körpergeruch des Nachbarn problemlos genießen können. Bitte: Es gibt soviel schöne Strände, hierher muss man bestimmt nicht. Zudem ist das Parken ein Alptraum. Die Straße endet einfach – und dann steht man hilflos da.

11 GEHEIMTIPP: FOKO

Ein Strand für Sie allein? An manchen Tagen gibt es dies nur in Foko, im Nordosten der Insel. Keine Clubs, nur ein (gutes) Restaurant: stattdessen Strand und sauberes Meer. Schwierig die Anfahrt: Nach dem Ortsschild Ano Mera die erste Straße links, dann noch gut 15 Minuten durch den „Little Canyon" von Mykonos.

Foko

26

12 Agios Ioannis

Im Südwesten gelegener Strand, klein und mit wenig Parkraum. Oberhalb befinden sich die richtig teuren Resorts, zu denen man aber keinen Zutritt hat. Zufahrt über Ornos.

Wissenswertes in Kürze

Frühstück
Langschläfer oder Frühstück verpasst?
Dann gibt es zwei Möglichkeiten:
„Burro" zwischen den beiden Kreisverkehren (rechte Seite). Dort sitzen meist die Griechen.
Mehr touristisch, aber mit Blick aufs Meer: das „Liberty" – nur 200 Meter weiter, ebenfalls auf der rechten Seite.

Strandliegen/Schirme
Jetzt wird´s richtig teuer. Zwei Liegen kommen im August schon mal auf 60 Euro (in Worten: SECHZIG!). Nehmen Sie eine der hinteren Reihen und es wird deutlich billiger (etwa 30).

Valet Parking
Ist auf Mykonos weit verbreitet. Wegen der Parkplatznot dürfen Sie an manchen Orten nicht selber parken, sondern dies übernimmt der Parkwächter, um die Autos enger zu parken. Bei Abholung reicht meist ein Trinkgeld von 2 Euro.

Feiertage
Sind deswegen wichtig, weil Mykonos griechisch-orthodox ist, heißt: Ostern und Pfingsten sind meist eine Woche später als bei uns. Bei der Reiseplanung enorm wichtig, denn am griechischen Pfingsten platzt die Stadt aus allen Nähten und die Ticketpreise für Flüge steigen dramatisch.

Taxis
Sind relativ billig, dafür aber selten zu finden. Am Taxistand an der Promenade neben dem Denkmal bilden sich oft lange Schlangen, besonders wenn Kreuzfahrtschiffe ihre Tausende von Touristen ausspucken. Bitte überprüfen Sie Alternativen – den Seabus oder den Bus.
Verlassen Sie sich bei der Rückreise NICHT auf ein Taxi. Buchen Sie einen Shuttle-Service.

Öffnungszeiten
sind viel großzügiger als in Deutschland. Supermärkte öffnen bis 21 Uhr, Minimärkte noch länger. Apotheken in der Innenstadt bis 22 Uhr. Auch Bäckereien sind bis weit in den Abend offen. Mit Ausnahme der Supermärkte und Bäckereien müssen Sie sich auf eine Siesta zwischen 15.00 und 18.00 Uhr einstellen.

Post/Telefon (OTE)
Siehe Karte.

Polizei
Neben dem Flughafen.

Tauchen/Segeln
Zum Tauchen eignet sich hervorragend Dragonisi (im Südosten) wegen Grotten. Ferner gibt es zwei interessante Wracks. Eine Segeltour zum unbewohnten Renia mit seinen traumhaften – weil leeren – Stränden: unvergesslich! (suite49travels.com)

Krankheitsfall
Kontaktieren Sie am Besten Ihren Hotelbesitzer oder Autovermieter, da diese oft besser Englisch sprechen als der Notruf oder das Klinikpersonal. Eine sehr gute Klinik (Hygeia) befindet sich am großen Kreisverkehr (2 Häuser bergab, nach dem Kiosk). Denken Sie an den Abschluss einer privaten Krankenversicherung.

Preise
sind deutlich höher als auf anderen griechischen Inseln.
Der Cappuccino liegt an den Stränden zwischen 4 und teilweise 8 Euro, das Bier zwischen 5 und 7. Zigaretten und **Medikamente** sind dagegen **deutlich billiger** als bei uns. Antibiotika gibt es ohne Rezept (4 Euro, Amoxicillin 500), wie viele andere Medikamente auch.

Internet
Meist schneller als bei uns und auch in fast allen Cafés und Restaurants ist WLAN verfügbar, in den meisten Hotels ebenso. Mit Stick kostet 1 GB aktuell 2,90 Euro (D1).

Wasser
ist auf der Insel so knapp wie sonst nirgendwo im Mittelmeerraum. Zwar kommt es im Winter zu Niederschlägen, aber dadurch, dass die Insel fast nur aus Felsen besteht, kann es nicht gebunden werden. In der Nähe von Panormos wurde ein Stausee errichtet. Dieser war 2020 gut gefüllt, im Mai 2021 fast leer und dies vor der Saison. Das Wasser kommt im Hochsommer oft per Tankschiff und ist von minderer Qualität. **NIEMALS als Trinkwasser, auch nicht zum Zähneputzen verwenden. Im August 2021 wurden Kolibakterien in hoher Konzentration gefunden.**
Und beim Duschen bitte das Wasser nicht minutenlang laufen lassen.

Lieferdienste
Auf Mykonos wird alles ausgeliefert. Mittlerweile wird selbst der morgendliche Caffé Latte ins Zimmer gebracht (Coffee Island Tel. 2289076351).

Bäckereien
sind für südliche Gefilden in Sachen Brot gut bestückt, auch Körnerbrote sind mitunter zu finden. An der Straße nach Ano Mera finden Sie nach 300 m direkt neben dem proton-Supermarkt die Bäckerei **Veneti**, eine Augenweide. Neben zahlreichen Brotsorten verzücken vor allem die grandiosen Torten und Törtchen. Schade, dass man sie nicht mit nach Hause nehmen kann.
Seit 2019 gibt es auch eine Filiale an der Promenade.
In Ano Mera finden Sie direkt am Ortseingang rechts die Bäckerei **Koutsothanasis.** Gut sortiert

und deutlich günstiger als in der Stadt. In der Stadt finden Sie am linken Ende der Promenade (vom Meer aus gesehen) ebenfalls eine sehr gute Bäckerei.

Erdbeben
Die wenigsten Touristen denken daran, dass die Ägäis zu den Regionen Europas gehört, in denen die Erde öfters rumpelt. Gerade erst im Juli 2019 wurde Athen von einem Erdstoß (5,3) erschüttert. Das letzte tödliche Erdbeben ereignete sich 1999 (143 Tote). Mykonos ist relativ sicher, da es keine hohen Hotelburgen gibt.
Dennoch: Leisten Sie sich die 30 Sekunden und schauen nach dem schnellsten Ausgang nach draußen.

DIESE **10** MUSS MAN MACHEN!

1 DER STRAND VON PANORMOS
2 DER STRAND VON KALO LIVADI
3 DER STRAND VON KALAFATI
4 SONNENUNTERGANG IN KLEIN VENEDIG
5 AUSFLUG NACH DELOS
DER LEUCHTTURM
7 BEACH-HOPPING PER BOOT
8 MINDESTENS EINE ORTHODOXE KIRCHE
9 EINE CLUBNACHT IM „SCORPIO´S" ODER „TROPICANA"
10 SEGELTOUR NACH RENIA

Typisch griechisch!?

Mit den üblichen Vorurteilen vieler Deutscher, der Grieche arbeite ja nichts, müssen wir schnell kurzen Prozess machen. Die meisten Menschen auf Mykonos arbeiten von Mitte April bis Mitte Oktober – OHNE einen Tag Pause. In Ihrer Bäckerei werden Sie immer auf die gleichen Personen treffen, ob 10 Uhr morgens oder 21 Uhr, ob Montag oder Sonntag. Gearbeitet wird also wohl – und das oft bei großer Hitze!

Zwei kleine Episoden mögen aber zeigen, dass manches in Griechenland ganz anders gehandhabt wird als bei uns (obwohl auch bei uns manches schiefläuft, siehe Flughafen Be.., aber lassen wir das).

Der Lampenladen von Mykonos

Gemeint ist der neue Kreuzfahrthafen, den man wohl besonders schön gestalten wollte und deswegen dachte man sich: mehr ist besser. Dies galt wohl besonders für die Straßenlampen, von denen man sage und schreibe 152 in schönstem Blau installierte. So entstand der Spitzname „Lampenladen" und die Vermutung, neben der Chinesischen Mauer sähe man auch den Hafen von Mykonos von jeder Raumstation. Das Kuriose: auf dem Fußweg vom Hafen zur Stadt – extrem gefährlich, da neben der Straße – steht nicht EINE Lampe.

Die sechs, nein, fünf Windmühlen

Kein Zweifel, die Windmühlen im Stadtteil Kastro
sind das Wahrzeichen von Mykonos.
Doch halt: Auf manchen Fotos sieht man sechs
intakte, auf anderen fünf Windmühlen. Es waren
tatsächlich einmal sechs, bis eine karibische Firma
für Alkoholika in einer der sechs Mühlen eine PR-
Aktion abhielt. Die PR gelang: die ganze Mühle
brannte ab. Am nächsten Tag strichen findige
Kartenverkäufer die abgebrannte Mühle auf dem
Motiv einfach durch. Vielleicht typisch griechisch:
wozu sie wieder aufbauen? Wir haben doch noch
fünf!

Nightlife

Mitteleuropäer denken bei „Disco" oder „Club"
oft an Keller in irgendwelchen Gewerbegebieten.
Dass ein Club im Süden meist weder Wände,
noch Dächer aufweist, kennen nur erfahrene
Party-People z.B. von Ibiza.

Das Nightlife auf Mykonos bietet zwei
Möglichkeiten: entweder man besucht einen der
großen Beach-Clubs – natürlich direkt am Beach –
oder man feiert im Stadtzentrum. Die Kombination
ist schwierig, denn zu den Clubs muss man fahren
und Taxis sind oft schwierig zu bekommen. Lassen
Sie am besten den Barkeeper ein Taxi rufen, denn
der kennt einen Taxifahrer, der wieder einen
anderen Taxifahrer…Sie wissen schon. Zu
manchen Beach-Clubs fahren Nachtbusse
(Cavo Paradiso, Tropicana, Paraga).

Für das Nachtleben in der Stadt gilt: man fällt
praktisch rein. In ganz Castro und Klein-Venedig
finden sich Bars und kleine Clubs, die man schon

an der übertriebenen Lautstärke auf große Entfernung hört.

Klassiker sind die „Scandinavian Bar", die eine Institution ist und auch über einen Dance-Bereich verfügt und das „Studio 54" am Taxistand neben dem Denkmal.

Am Ende der Hauptstraße Matogianni nach rechts, erreichen Sie bald das „Bonbonniere", das vor Partybeginn eine sehr schöne Lounge-Atmosphäre hat.

Gegenüber liegt die Edel-Bar „Queen of Mykonos" für die Reichen und mitunter auch Schönen.

Viele kleine Bars befinden sich (praktischerweise) in der Hauptstraße Matogianni, die leicht zu finden ist (siehe Altstadtplan).

Neben dem Alten Hafen-Ost liegt der Yacht-Club (24-Stunden geöffnet).

Von den Beachclubs sind aktuell folgende der Renner:

Scorpio´s (Paraga)
Tropicana (Paradise)
Cavo Paradiso (Paradise)
Alemagou (Ftelia)
Principote (Panormos)

Aber Vorsicht! Alle sind extrem teuer und deswegen: vorher auf die Karten schauen.
Problematisch wie überall: die Gesichtskontrolle.

Währen der Saison finden immer Live-Gigs angesagter DJs statt. **Aktuelle Daten** findet man immer auf den **facebook**-Seiten der Clubs, die Websites sind meist nicht aktuell.

Für alle Bars und Clubs gilt: Gays/Lesbians sind gerne gesehen. Kein Wunder – sie sind meist in der Mehrheit. Spezielle Gay-Bars gibt es zwar (meist in Kastro) – aber Gleichgesinnte finden sich überall.

Mükonos oder Mikonos?

Wenn man in den Urlaub fährt, sollte man wissen, wie man den Ort ausspricht. Im Falle von Mykonos ist das für viele überraschend.
Denn die Insel heißt **MIKONOS**, sowohl auf Griechisch **als auch auf Deutsch**. Leider ist das falsche MÜKONOS weit verbreitet, sodass selbst manche Griechen kapituliert haben und die deutsche Aussprache übernommen haben.
Und wer ist schuld? Viele machen Katja Ebstein mit ihrem 70er-Jahre-Hit „Der Stern von Mykonos" (mit ‚Ü') verantwortlich. Sie wissen es nun besser und jeder Mykonier wird Ihnen dankbar sein.

Und noch ein Tipp: Der Friedhof

Sie finden das morbide? Nein. Mykonos hat einen der schönsten Friedhöfe der Ägäis, farbenfroh und gemütlich. Und Sie werden sich fragen, warum unsere letzten Ruhestätten manchmal aussehen wie Parkplätze aus den Siebzigern. Der Friedhof liegt direkt neben dem Fabrika-Square.

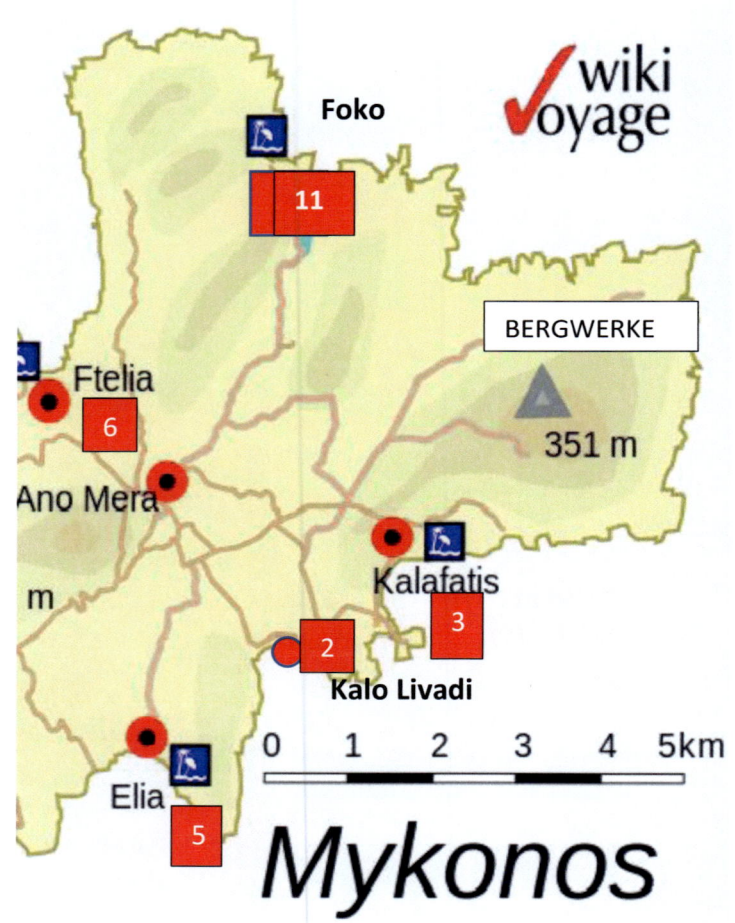

Foko

wiki oyage

BERGWERKE

351 m

Ftelia

6

Ano Mera

m

Kalafatis

3

2

Kalo Livadi

Elia

5

0 1 2 3 4 5km

Mykonos

OH JE, DIESE SPRACHE!

Natürlich ist es immer hilfreich, wenn man als Tourist zumindest über Grundkenntnisse der jeweiligen Sprache verfügt. Es ist vor allem auch eines: höflich!
Aber leider hat das Griechische eine hohe Hürde. Man verwendet andere Buchstaben. So manche Verkehrsschilder könnte man nicht lesen, wären sie nicht zweisprachig.
Dass Ἄνω Μεράς Ano Mera heißt, kann man sonst nur ahnen.

Aber mit ein paar Wörtern erntet man ein freundliches Lächeln:

Danke heißt **efcharisto.**
Bitte heißt **parakalo.**
Betonung jeweils auf der letzten Silbe.

Begrüßung und Verabschiedung sind in einem Wort vereint: **Jassas**! Obwohl es eigentlich „Grüßt Euch!" bedeutet, wird es auch als persönliche Anrede verwendet.
Te kanis? = wie geht´s?
Tha ithela ena cappuchino = Ich hätte gerne einen … (th wie in Englisch).
Das förmliche Kalimera wie auch Kalispera und Kalinichta (Guten Tag, Guten Abend und Gute Nacht) braucht man i.d.R. nicht.
Mit „Jassas" machen Sie nie etwas verkehrt.

Eine kleine Falle gibt es bei Ja und Nein, denn Ja heißt im Griechischen Ne. Ursprung manchen Missverständnisses. Nein hingegen heißt Ochi (wie im deutschen Ich).
Sie wollen am Steuer fluchen? Kein Problem: Du bist ein Idiot = Ise ilithios, Vlakka = Volldepp.
Wo ist …? = Pu ine?
Deutschsprechendes Personal ist selten, außer es handelt sich um Deutsch-Griechen.
Mit Grundkenntnissen in Englisch kommt man aber überall zurecht. Ohne Englisch geht gar nichts!

Wussten Sie...

…dass Mykonos bis in die Fünfziger eine Hungerinsel war, ohne Telefon und Autos? Erst die Bergwerke brachten die Wende.
Ja: Mykonos ist eine Bergwerksinsel. Bis etwa 1985 wurde Baryte abgebaut. Das ehemalige Gelände liegt im Nordosten der Insel.
Die Ruine der Firmenzentrale sieht man, wenn man von Kalo Livadi nach Kalafati über die Halbinsel fährt.

DIE ALTSTADT

Wer auf dem Hügel steht bei Sonnenunter-
gang und hinunter auf die weiß-blaue
Altstadt blickt, der kann verstehen, warum
Brigitte Bardot sagte, dies sei die zauberhaf-
teste Stadt der Welt. Der Meinung waren
Ende der Fünfziger Jahre viele Reiche und
Schöne. Der internationale Jet-Set (mit Alain
Delon, Gunther Sachs, Jackie Kennedy oder
Richard Burton und Elisabeth Taylor) fand das
wohl auch, denn Mykonos wurde das
begehrte Reiseziel der VIPs, vergleichbar mit
St. Tropez. Dies gilt auch noch heute, aber
man wählt heute abgeschlossene Resorts mit

eigenem Helikopterplatz. Man schottet sich ab gegenüber dem Fußvolk. Dennoch kann man in der Altstadt noch immer Leonardo di Caprio oder Ben Affleck begegnen, versteckt hinter Hut und großer Sonnenbrille.

Die Altstadt ist gekennzeichnet durch Enge und ist ein einziges Labyrinth, indem auch ich mich heute noch verlaufe. Insofern ist ein Plan vollkommen nutzlos. Ihr Rundgang endet an der Promenade? Glück gehabt! Ihr Rundgang führt Sie zu einem Busterminal? Dann sind Sie am südlichen Ende angelangt. Der Vorteil des Labyrinths: Sie kommen immer wieder in neue Viertel der Stadt, die Sie noch nie gesehen haben.

Ausgang für eine Altstadtwanderung sollte die **Promenade** sein.

OLD PORT+Parken

BUCHT

Rathaus

PROMENADE

Klein-Venedig
Kastro
Windmühlen

Matogianni

Drei-Brunnen-Platz

Fabrika-Platz
Bus-Terminal
Süd

Gehen Sie bis zum rechten Ende (vom Meer gesehen). Sie kommen am Rathaus und einer kleinen Kapelle, Agios Nikolaos, vorbei. Geht es nicht mehr weiter, so gehen Sie die Treppen nach oben.

Nun befinden Sie sich in den Stadtvierteln KASTRO und Klein-VENEDIG. Der erste Name geht auf die alte Festung zurück, die im 13. Jahrhundert von den Venezianern errichtet wurde, von der aber nur wenig geblieben ist. In Kastro liegt auch eine der berühmtesten Kirchen Griechenlands, die Panagia Paraportiani. Der Name („neben dem Tor") weist daraufhin, dass dort der Eingang zur alten Burg lag. Es handelt sich um fünf, ineinander verschachtelte Kapellen, davon vier im Erdgeschoss. Die Baudaten sind schwer zu ermitteln, wahrscheinlich stammt die erste Kapelle aus dem 14. Jahrhundert. Der Name Klein-Venedig ist etwas übertrieben und es führen auch keine Kanäle durch das Viertel, sondern die Häuserzeilen zum Meer hin stehen auf Pfosten und ragen in die See hinein (siehe Titelbild). So konnten Händler die Schiffe am Einfachsten beladen. Lassen Sie sich in einer der Cocktailbars (am besten: das „Caprice") nieder und genießen Sie den Sonnenuntergang. Mit der grandiosen Silhouette Klein-Venedigs ein tolles Bild.

Das finden leider auch immer mehr Chinesen, die oft den Blick versperren. Ist das obligatorische Foto gemacht, sind sie aber meist auch wieder verschwunden. Die Cocktailbars des Viertels sind Treffpunkt der VIPs. 30.000 € für eine Flasche Champagner kann man dort durchaus ausgeben. Aber keine Sorge: es gibt auch Getränke für den normalen Geldbeutel (Cocktails ab 12 €).

Oberhalb der Cocktailbars steht das Wahrzeichen von Mykonos: die (nunmehr) fünf Windmühlen. Besonderes zu den Mühlen gibt es nicht zu sagen, sie dienten demselben Zweck wie überall auf der Welt: dem Getreidemahlen. Früher war die ganze Insel übersäht mit Windmühlen. Geblieben sind nur wenig Exemplare, alle ohne Segel.

Als „Maskottchen" von Mykonos gilt der Pelikan. Ein Exemplar schreitet meist durch den Windmühlen-Bereich. Einen geschichtlichen Hintergrund gibt es aber nicht. Unterhalb der Windmühlen befindet sich ein kleiner Strand, daneben die Panagia Theotokos Pigadiotissa, die reich ausgestattete Bischofskirche der Stadt. Ein Steinwurf entfernt steht die einzige römisch-katholische Kirche der Insel.

Route 2

beginnt wieder an der Uferpromenade. Am anderen Ende der Promenade steht das Denkmal für Manto Mavrogenous, einer Freiheitskämpferin, der es im griechischen Unabhängigkeitskrieg 1822 gelang, die Landung türkischer Truppen zu vereiteln.

Kirche in der Matogianni (Agia Kiriaki)

Auf der Altstadtseite beginnt die Hauptstraße, die
Matogianni.
Kein breiter Shopping-Boulevard, sondern
eine Gasse mit zwei Meter Breite. Drangvolle
Enge ist im Hochsommer so vorprogrammiert.

Vorbei an teuren Boutiquen und zahllosen Galerien erreichen Sie rechter Hand das Heimatmuseum („Haus der Lena") und das Seefahrtmuseum. Am besten folgen Sie dem Menschenstrom nach rechts, denn so erreichen Sie am Ende wieder die Promenade und gehen nicht verloren. Wegen der zahllosen Gassen mit verwirrenden Namen **und ohne Schilder** hilft Ihnen ein Grobschema wohl am meisten.

Eine **Karte** finden Sie auf Seite 75, aber wegen der fehlenden Schilder hilft sie wenig.

Da aber selbst erfahrene Mykonos-Gäste sich regelmäßig verlaufen, lassen Sie sich treiben! Sie werden immer wieder in neuen Gassen landen!

Ano Mera

Neben Mykonos-Stadt ist Ano Mera die einzige nennenswerte andere Siedlung mit Dorfcharakter. Da die Insel sehr klein ist, wird fast die gesamte Fläche bebaut, eine räumliche Trennung zwischen Siedlung und Natur wie bei uns gibt es nicht. Und natürlich haben die vermögenden Bewohner gerne ein bisschen Abstand zu Nachbarn. Ano Mera liegt genau im Zentrum der Insel. Direkt am Ortseingang liegt rechts eine hervorragende Bäckerei (Koutsothanasis). Halbrechts verläuft die alte Hauptstraße, meist zugeparkt. Bleiben Sie auf der neuen Hauptstraße und biegen Sie nach 200 m rechts ab, den Berg hinauf. Dort ist ein großer Parkplatz mit Geldautomat und einem großen Supermarkt (flora). Sie befinden sich direkt hinter dem Marktplatz von Ano Mera, um den sich zahlreiche Restaurants gruppieren, alle mit bodenstän-diger Küche und etwas billiger als in der Stadt. Direkt neben dem Marktplatz liegt die größte (oder einzige) Kirche auf Mykonos, denn alle anderen Kirchenhäuser sind strenggenom-men „nur" Kapellen. Die Kirche gehört zum Kloster Panagia Tourliani und kann täglich von 9 – 13 und 18 – 21 Uhr besichtigt werden. Gegründet 1542, wurde es im 16. Jhd. von Piraten geplündert.

Ano Mera

Mykonos hat viele Beinamen, „Insel des Windes",
„Party-Insel" oder „Promi-Insel". Genauso korrekt
wäre aber auch „Insel der Kapellen".
Denn über 100 kleine Kirchen finden sich über die
Insel verteilt, oft an vollkommen überraschenden
oder einsamen Stellen.
Wer jetzt beim Wort „Kirchenbesuch" stöhnt, sollte
eines bedenken: Vielleicht ist es Ihr erster Kontakt
mit der orthodoxen Kirche, die sich in vielen
Dingen vom katholischen /protestan-tischen
Pendant unterscheidet.
Sichtbar bei jedem Blick in eine orthodoxe
Kapelle: liebevoll, teils prunkvoll dekoriert, mit
großen Kristallleuchtern und Ikonen, sind sie
„gemütlicher" als unsere Gotteshäuser.
Rund 80% der Einwohner von Mykonos sind
orthodox, die religiösen Feste i.d.R. eine Woche
später als bei uns.

51

Generell war die Insel immer wieder Ziel von Piraten. Der starke Nordwind machte das Anlanden zwar schwierig, jedoch gab es auf Mykonos keine größeren ständige Truppen. Weder Venezianer noch Osmanen hielten dies für notwendig. Und damit sind wir bei der

Geschichte der Insel

Mykonos selbst ist geschichtlich wenig bedeutend. Es ist vielmehr die direkt daneben liegende Insel Delos, die historisch für ganz Griechenland von großer Relevanz ist. Delos war über Jahrhunderte die bedeutendste Stadt in der gesamten Ägäis mit zeitweise über 25.000 Einwohnern. Unvorstellbar, sieht man heute die kleine, unbewohnte Insel (Näheres unter „Delos").

So war das heutige Mykonos-Stadt zunächst nur eine Art Vorort von Delos, auf dem wohl einer der Friedhöfe von Delos lag, denn Gräber waren auf Delos wegen der Platznot verboten.
1500 v.Chr.
Delos entwickelt sich zur Stadt mit überregionaler Bedeutung

700-393 v. Chr.
Delos wird zum politischen und religiösen Zentrum der Ägäis und steht in der Bedeutung

zeitweise über Athen. Die Stadt wächst auf 25.000 Bewohner.

166 v.Chr.
Die Römer werden die neuen Herrscher.

395 -1204
Fast 1000 Jahre kommt Mykonos unter byzantinische Verwaltung.

1207 – 1390
Die Republik Venedig erobert die Insel. Mykonos wird zum Handelsstützpunkt. Nahe Ano Mera entsteht mit Gizi eine Festung, deren Ruinen besichtigt werden können.

1537
Erstmals wird Mykonos muslimisch – die Osmanen sind da und bleiben bis 1822, meist nur durch Verwaltungsbeamte vertreten.

1822
Unter Mavro Mavrogenous wehrt sich Mykonos gegen eine osmanische Invasion – erfolgreich. Mykonos wird griechisch.

Denkmal für Mavro Mavrogenous

1940
Mykonos kommt unter italienische
Verwaltung. Deutsche Soldaten waren nie
hier – Mykonos war zu unbedeutend. Naxos
hingegen war deutsch besetzt.

1945-55
Die Hungerjahre. Wie in der gesamten Ägäis
hungern auch die Menschen auf Mykonos.

1953 Das erste Hotel öffnet: „Leto´s" (an der
Promenade)

1954
Das erste Auto kommt nach Mykonos.

1955
Die Wende: die ersten Bergwerke öffnen und sorgen für Wohlstand. Abgebaut wird im Nordosten (bei Merchias). So heißt dieser Inselteil auch „Metallia". Gefördert wird Baryte (bis 1985) In diesem Teil von M. finden Sie auch Geisterdörfer – für Liebhaber alter Industrieanlagen ein Traum.

1960
Da die bisherigen Tummelplätze des Jet-Sets Nizza, St. Tropez und Cannes, zunehmend überlaufen sind, sucht die Prominenz ein neues, unberührtes Ziel und entdeckt Mykonos.

1969
Kaum zu glauben: bis 1968 gab es kein Telefon auf Mykonos, lediglich Funkverbindungen. Im Januar 1969 erhält das Rathaus das erste Telefon. Übrigens: Strom gab es damals auch nur bis 22.00 Uhr.

1971
Der erste (kleine) Flughafen wird errichtet. Landen können nur Propellermaschinen.

1981
Mykonos wird Teil der EU.
In der Folge wird die Infrastruktur massiv verbessert, die Umgehungsstraße, der zweite

Flughafen und der Neue Hafen werden errichtet.

Delos

Mykonos ohne Delos ist wie Rom ohne Kolosseum. Selbst Kunstbanausen sollten sich überwinden – es lohnt sich.
Wählen kann man zwischen zwei Möglichkeiten: einem reinen Transfer mit Erkundung der Insel auf eigene Faust. Das Museum auf der Insel gibt Ihnen den nötigen Überblick.
Natürlich können Sie auch eine Kombination aus Bootsfahrt und Führung buchen, aktuell freitags in Deutsch (siehe Folgeseiten).
Hinweis: Auf Delos gibt es praktisch keinen Schatten, Hut, Sonnencreme und Wasser zu empfehlen.

Delos

56

Dass in der Antike ausgerechnet das kleine Delos eine große Rolle spielen sollte, liegt einerseits an seiner Lage. Um Delos gruppieren sich die anderen Inseln der Kykladen wie in einem Kyklos (Ring), und sie liegt auch in etwa im Zentrum zwischen Athen, Kreta und Kleinasien. Andererseits war damals auch die Bedeutung der Insel in der griechischen Mythologie von Wichtigkeit.

Auf Delos wurden zwei griechische Götter geboren: die Zwillinge Apollon und Artemis.

Direkt hinter dem Hafen beginnt die archäologische Zone mit dem Tempelbezirk. Zahlreiche Marmorfundamente deuten die Grundflächen der einzelnen Gebäude an. Zur Orientierung der Besucher dienen moderne Steintafeln mit der jeweiligen Bezeichnung des Tempels.

Die Statuen, Säulen und Mosaike sowie das Stadion zeigen, dass Delos nicht nur einfach eine große Stadt war, sondern auch religiöses Zentrum Griechenlands.

Der ehemalige Teich ist durch einen kleinen Tamariskenwald markiert, in dessen Mitte eine hohe Palme wächst - zur Erinnerung an die Palme, bei der Leto ihre Kinder Apoll und Artemis zur Welt brachte.

In einem schmucklosen Gebäude hinter dem Tempelbezirk ist das Museum untergebracht.

Es zeigt Statuen, Mosaike, Wandmalereien und Keramik aus dem Ausgrabungsgelände. Weiter südlich schließt sich ein weitläufiger Bereich mit gut restaurierten Resten antiker Wohnhäuser an. Teilweise sind auch noch Mosaike zu finden. Nach den aufgefundenen Plastiken oder Mosaiken wurden von den Ausgräbern die Häuser benannt: Haus der Delphine, Haus der Masken, Haus der Kleopatra, Haus des Dionysos, Haus des Dreizacks. Oberhalb der Häuser schließt sich das Theater an und Heiligtümer für ausländische Götter wie Isis und Serapis. Ein Wanderweg mit Treppen führt hinauf zum Kynthos, von wo man einen Rundblick über die ganze Insel hat.

Delos Transfers & Führungen

Nur Bootstransfer (20 €)

	Von Mykonos
	10:00
Montag (16/04/-18/11)	17:00 (26/06/21-15/09/22) 16:30 (16/09/21-30/09/22) 16:00 (01/10/21-14/10/22) 15:30 (15/10/21-25/10/22)
	17:00
Dienstag - Sonntag (16/04-18/11)	09:00
	10:00
	11:30

HALBER TAG Bootsfahrt nach Delos, (16/04 - 18/11).

Preis: **55,00 €**, Kinder 6-12 J.: **25,00€.**
Kinder unter 6 Jahren **frei.**
Der Preis beinhaltet: die Bootsfahrt, den Eintritt auf die Insel und die Führung.

Führungen in folgenden Sprachen:

- **Englisch**: Täglich 10.00 & 17.00 **Deutsch**: auf Anfrage
- Näheres unter www.delostours.gr oder info@delostours.gr

59

Übernachten
Hotels/Appartements

Es ist keine überraschende Weisheit: Mykonos ist teuer. Aber: wenn man weiß wo, kann man selbst in der Hochsaison preiswert wohnen. Besonders Anfang Mai kann man regelrechte Schnäppchen machen.
Die meisten Reisenden kaufen sich einen Reiseführer, nachdem sie die Reise bereits gebucht haben. Deswegen hier einige Tipps vielleicht für den nächsten Mykonos-Trip:

Seaside Studios Kalo Livadi
Tel. +30 697 480 7670
seasidemykonos@yahoo.gr

Gelegen an der schönsten Bucht und dem vielleicht schönsten Strand, in Kalo Livadi, liegen die Studios nur wenige Meter über dem Strand mit perfektem Blick. Große Zimmer, große Terrasse und das vielleicht beste Preis/Leistungsverhältnis der Insel. Besonders gut: Seaside öffnet bereits Anfang April bis Anfang November. 15 Minuten zur Chora.

Apartments/Suites Sahas
Tel: +30 22890 22112
Handy +30 693 6826864
info@sahas-mykonos.gr

Am nördlichen Stadtende, jeweils nur 500 m von der Altstadt und Neuem Hafen entfernt liegen die Studios Sahas. Nächtliche Ruhe, traumhafter Blick auf die Ägäis und den Hafen haben die Räume einen Standard, der – im Verhältnis zum Preis – andere Häuser deutlich schlägt. Überaus freundlich und extrem sauber.

Aphrodite Beach Hotel
Kalafati Beach, Kalafati 846 00

Telefon: +30 2289 071367
aphrodite-mykonos.com

Es kann natürlich auch etwas luxuriöser sein. Dann
aber sollte es direkt am Strand sein, wie hier direkt
am Kalafati. 20 Minuten vom Zentrum entfernt,
aber dafür ruhig.

****

Hotel Elysium
elysiumhotel.com
School of Fine Arts, Mikonos 846 00
Telefon: +30 2289 023952

Beliebtes Gay-/Lesbian Hotel mit großzügigen
Zimmern und herrlicher Lage am Hang. Der
Poolbereich mit Bar ist abends ein Hot Spot, da
viele Gäste auch anderer Hotels den
Sonnenuntergang von dort genießen wollen. Nur
500 m vom Zentrum, aber: die steile Straße ist ein
Stresstest für jeden Bypass.

****

Hotel Eleni
Rohari Str., Mikonos 846 00
Telefon: +30 2289 023457
www.elenamykonos.gr
Seit Jahren beliebtes Hotel direkt im Zentrum der
Stadt, dennoch relativ ruhig, da in einer
Seitengasse gelegen.

Eleni

Hotel Semeli

Laka, Mikonos 84600

www.semelihotel-mykonos.com

Wer modernes und elegantes Ambiente liebt, ist hier richtig: freundlicher Service, individuelle Suiten und ein mit viel Pflanzen angelegter Poolbereich.

Restaurants

Dass man auf Mykonos Restaurants aller Richtungen findet – geschenkt. Schwieriger wird es, wenn man gut Essengehen will zu einem noch anständigen Preis. Die Regel, dass ein Restaurant mit vielen Einheimischen gut sein muss, trifft auf Mykonos auf jeden Fall zu. Vor Mondpreisen ist man an keinem Ort sicher, schon gar nicht am Strand. Daher lohnt zur Sicherheit ein früher Blick auf die Karte.

MYKONOS STADT

LOTUS in der Matogianni
Kleines Restaurant mit hervorragender
internationaler Küche.

Nikos Taverne hinter dem Rathaus
Anhand des Andrangs leicht zu finden. Seit
Jahrzehnten beliebt, hauptsächlich wegen der
Fischgerichte

Eva´s Garden
Kalogera 47
Internationale Küche in schönem Ambiente

Auf dem Weg vom Parkplatz zur Altstadt liegen
das **Salparo** und das **Kavos** – die besten

Fischrestaurants der Stadt. Besonders das Kavos ist eine Institution.

Leto
An der Uferpromenade, kurz vor dem Hafen. Das älteste Restaurant der Stadt in einem wunderschönen Garten. Chefkoch ist hier der ehemalige Leibkoch des libyschen Diktators Gaddafi.

Burro
An der Umgehungsstraße zwischen den beiden Kreisverkehren. Küche zwar nur bis 17 Uhr, aber sehr beliebt bei Spätfrühstückern.

Kasarma
An der Uferpromenade. Ganztägig gut besucht. Bekannt für seine frittierten Sardinen.

SCHNELL UND PREISWERT
Die einen mögen es bedauern, die anderen nicht: McDonald´s, KFC oder Subway sucht man auf Mykonos vergeblich. Schnell und gar nicht teuer geht aber natürlich trotzdem.

Air Fast Chicken
Richtung Ano Mera, neben dem proton-Supermarkt.
Kein Highlight in Sachen Ambiente, aber wer richtig Hunger hat und nicht lange warten will, ist hier richtig. Das halbe Hähnchen für 6 Euro ist für Mykonos ein Schnäppchen (und doppelt so groß wie ein deutsches Huhn).

Souflaki-Story
Mit drei Filialen in der Altstadt und neu auch an der Straße nach Ano Mera links, erfolgreiche und beliebte Kette. Große Portionen zu guten Preisen.

Kalo Livadi

Solymar
Nicht ganz billig, dafür erstklassiger Service und hoher Promi-Faktor. Internationale Küche.

Agios Stefanos

Limnios
Griechische Küche von ihrer besten Seite. Immer gut gefüllt mit Einheimischen – zu Recht.

Ornos

Apaggio
Griechische Küche, große Auswahl an Fischgerichten.

Agios Sostis

Kikis – dort stellen sich auch Griechen in die Schlange. Das sagt alles!

Cafés

Da Vinci
Direkt an der Promenade, kurz vor dem Rathaus liegt das Eiscafé „Da Vinci". Treffpunkt nach dem Abendessen für Griechen und Gäste. Bekannt für seine Süßspeisen (Crepes) und das Joghurt-Eis.

Noch ein Tipp:

Am romantischsten ist der Sonnenuntergang nicht im überfüllten Klein-Venedig, sondern am **Leuchtturm von Arministis** im Nordwesten der Insel. Dort sind Sie mitunter ganz allein. Allerdings ist die Zufahrt eng und steil (über Fanari).

Flugpläne 2022

Im orthodoxen Kalender sind Ostern und später als bei uns (meist eine Woche).
Saisonbeginn ist daher zum griechischen Ostern (Ostersonntag ist der 24. April 2022).
Die meisten Strände sind bereits hergerichtet und auch die Geschäfte geöffnet, **die meisten Clubs aber nicht**. Sie öffnen meist am 2. Wochenende im Mai und schließen Ende September.

Nach dem jetzigen Stand (01.12.) sind Flüge nach Mykonos selbst im Mai und September schon stark gebucht. **Bitte schnell buchen.** Generell gilt für Mykonos: am Besten im Oktober für den nächsten Sommer buchen
(Sie müssen nicht wie früher auf den Winterflugplan warten). Es ist auch immer eine Frage des Preises. Hin- und Rückflug liegen für Mai jetzt schon bei teilweise 300 Euro. Mykonos ist kein 29-Euro-Ziel – leider oder Gott sei Dank.
LUFTHANSA fliegt ab Mitte April TÄGLICH direkt nach Mykonos (JMK) ab München und Frankfurt – teilweise für unter 150 Euro.
Da LH bis Ende Oktober fliegt, ideal für Nachsaison-Urlauber.
CONDOR fliegt ab 20. Mai bis Mitte Oktober von München, Frankfurt und Düsseldorf – allerdings kann es zu Stornierungen kommen bzw. geht der Flug mitunter über Zakynthos.
RYANAIR fliegt Juni bis September ab Frankfurt/Hahn.
EDELWEISS fliegt ab Anfang Mai bis Oktober ab Zürich.

WIZZ fliegt ab Juni bis Ende September von Wien.

Mitunter cancellen die Airlines schlecht gebuchte Flüge, besonders im Mai und Oktober. Leider dürfen sie das bis 14 Tage vor Abflug OHNE ENTSCHÄDIGUNGSANSPRUCH. Ersatzflüge sind im Mai und Oktober schwer zu finden. Als **letzte Rettung** bleibt immer **Aegean** über Athen oder Saloniki nach Deutschland.

Findet man keinen Direktflug: Umsteigen in München, Wien oder Athen (dann nach Mykonos mit Aegean, Volotea, Sky Express, Olympic), Flugzeit 22 Minuten.

Aber Vorsicht: der 22-Minuten-Flug von Athen nach Mykonos ist oft teurer als der Flug von Deutschland nach Athen!

Museen

Mykonos ist sicherlich kein Kulturreiseziel mit großer Museenlandschaft. Wer auf Delos war, hat sein Pensum eigentlich erfüllt. Dennoch lohnt der Besuch des einen oder anderen Museums, sozusagen en passant, wenn man durch die Altstadt schlendert. Das **„Haus der Lena"** **(Heimatmuseum)** ist ein kleines putziges Museum, das die Lebensweise der Inselbewohner zeigt und auch so manche alte Handwerkskunst wieder zum Leben erweckt. Daneben steht das **Seefahrtsmuseum,** das an den früheren Broterwerb der Insulaner erinnert. Wertvolle

Seekarten gehören zu den Highlights der Sammlung. Beide Museen finden Sie am Dreibrunnenplatz (siehe Karte S. 50).

Am Alten Hafen-Ost finden Sie das **„Archäologische Museum".**

Es wurde in den frühen Jahren des 20. Jahrhunderts erbaut, um die Funde der Ausgrabungen auf Renia zu beherbergen Das Gebäude war in seiner ursprünglichen Form von neoklassischem Design, nahm aber durch die Reparaturen und Ergänzungen der Jahre 1935 und 1970 seine kykladische Form mit den flachen Dächern an. Bewundern Sie die berühmte Töpferkunst, die imposanten Statuen und die außerordentlichen Schmuckstücke.
Das Museum enthält sechs Zimmer und stellt Sammlungen von Skulpturen und Sarkophage von Renia, aber auch bedeutende Funde von den Ausgrabungen auf Mykonos aus. Die reiche Sammlung an Keramik repräsentiert die kykladische Töpferkunst. Die Sammlung an Töpferwaren umfasst Vasen von Handwerksbetrieben auf den Kykladen vom 9. und 8. Jahrhundert vor Christus.
Das bekannteste Exponat ist die Urne mit Reliefs von dem Fall Trojas, zu sehen in Zimmer E.

In Zimmer D sind Grabsteine von Renia ausgestellt, auf denen die Säule von Tertias Orarias steht. Im Zimmer A finden Sie Töpfe von Mykonos, Miniaturen, Schmuck und Waffen. Auf der Terrasse wurden Grabsteine, Statuen, Inschriften und ein Sarkophag von Renia aufgestellt.

Das Museum ist täglich (außer Montag) von 8:30 bis 15:00 Uhr geöffnet. Tel. 22890-22325.

Volkskundemuseum Mykonos

In Kastro, dem ältesten Viertel der Inselhauptstadt Mykonos-Stadt, das nach dem mittelalterlichen Kastell benannt wurde, befindet sich das Volkskundemuseum des Eilands. Die Ausstellung wurde im Jahr 1958 auf dem venezianischen Berg unmittelbar hinter dem Rathaus in dem Wohngebäude eines einstigen Seemannes und Kapitäns, das im 18. Jahrhundert errichtet wurde, untergebracht.
Besucher können in dem Museum eine große Vielfalt an früheren Gebrauchs- und Alltagsgegenständen besichtigen. So gibt es z. B. eine große Auswahl an alten und neuen Haushaltsgeräten, altes Mobiliar und Keramik zu sehen. Auch finden interessierte Gäste eine enorme Sammlung an alten Waagen und anderen Messeinheiten, Öllampen, Schüsseln, Tellern, Schlössern und Schlüsseln. Anhand einer nachgebauten Küche und eines Schlafzimmers wird den Besuchern die teilweise recht schwierige Lebens- und Alltagssituation in der Zeit des 19. Jahrhunderts nahegebracht. Darüber hinaus werden kleine und große Schiffsmodelle sowie Kanonen aus dem während des 19. Jahrhunderts ausgetragenen Unabhängigkeitskrieg gezeigt.

Buchempfehlungen - Romane
Keine Verlagsanzeigen!

Sachbücher über Mykonos gibt es nur wenige, da die Geschichte der Insel nur wenig interessant ist. Es gibt aber genug gute Krimis und Romane über Mykonos, von denen ich Ihnen folgende empfehlen kann: Wenn man am Ende der Saison den langen Winter vor sich hat, helfen zur Überbrückung Bücher. Mir jedenfalls.

Am Bekanntesten sind die Krimis der Reihe **„Mykonos Crime"** von **Paul Katsitis** mit mittlerweile 29 Büchern. Keine Wälzer und daher ideal für Strand oder Flugzeug. Hauptfigur ist Kommissar Angelos Nikakis, natürlich schwul. Mitunter etwas brutal, dafür spannend und ohne endloses Beiwerk wie zweiseitige Beschreibungen einer Bartheke. Jedes Buch enthält einen abgeschlossenen Fall. Sie können also jederzeit einsteigen. Vorne werden alle Personen vorgestellt, mit Foto – das macht es leicht.

Mein Tipp: Steigen Sie beim neuesten ein. Bei Gefallen können Sie sich „zurückarbeiten".

Meine Favoriten? – „Lebendig begraben" und der Neueste: „Strand der toten Köpfe

Erschienen sind bisher:

Mykonos Crime 1 Die Bestie von Mykonos
Mykonos Crime 2 Rache
Mykonos Crime 3 Tattoo
Mykonos Crime 4 Der Drei-Sterne-Mord vergr.
Mykonos Crime 5 Inzest
Mykonos Crime 6 Skalpell
Mykonos Crime 7 Hass

Mykonos Crime 8 Sturm über Mykonos
Mykonos Crime 9 Die Maske
Mykonos Crime 10 Abseits
Mykonos Crime 11 Glut
Mykonos Crime 12 Putsch

Mykonos Crime 13 Royals
Mykonos Crime 14 Trauma
Mykonos Crime 15 Khaled
Mykonos Crime 16 Spione
Mykonos Crime 17 Botschafter
Mykonos Crime 18 Libido
Mykonos Crime 19 Carneval
Mykonos Crime 20 Darknet
Mykonos Crime 21 Yariv
Mykonos Crime 22 Pontifex
Mykonos Crime 23 Sisa
Mykonos Crime 24 Lebendig begraben
Mykonos Crime 25 Der Schläfer
Mykonos Crime 26 Smyrna
Mykonos Crime 27 Goldrausch
Mykonos Crime 28 Engel der Finsternis
Mykonos Crime 29 Strand der toten Köpfe

Wer weiter auf der Suche nach **Mykonos-Literatur** ist – bitte sehr: **„Die Mykonos Love Story 1-11" von Michael Markaris.**
Kommissar Pandis hat mit 53 sein Coming-Out und verliebt sich in den 29-jährigen Angelos.
Eine Mischung aus Krimi und Gay Life/Beziehung, Dazu brauchte ich aber (bei MLS 1) eine Packung Kleenex zum Tränen trocken, zunächst wegen des Lachens, dann ob der Tragik, vor allem, weil es eine wahre Geschichte ist.
.

Martina Kempff – Die Rebellin von Mykonos
Ferner gibt es noch einen Historienroman, der die Geschichte von Mavro Mavrogenous nacherzählt, die die Revolte gegen die Osmanen anführte (siehe Geschichte). Lesenswert, aber als historischer Roman logischerweise ohne Bezug zu dem heutigen Mykonos.

Bildnachweis:
Rückseite: I-stockphoto,
Seite 10,64: sahas
Seite 16: rene boulay
Seite 34 wikimedia/ olaf tausch
Seite 37: andischatz
Seite 44: wikipedia
Seite 47: Julia Maudlin
Seite 50: pexels
Seite 59: wikipedia
Seite 67: MustangJoe.
Karte: wikivoyage
Stadtplan: ontheworldmap
Luftaufnahmen: Gemeinde Mykonos
Alle anderen Aufnahmen: Nikolaidis

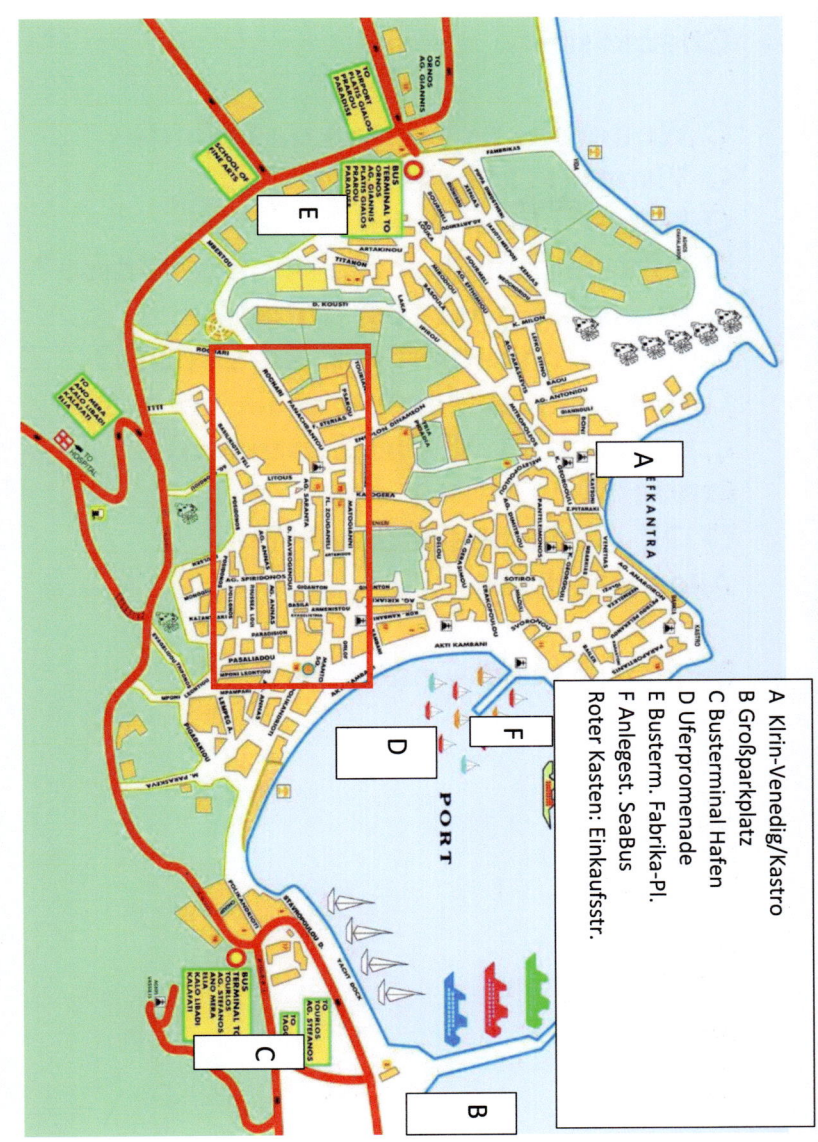

A Klein-Venedig/Kastro
B Großparkplatz
C Busterminal Hafen
D Uferpromenade
E Busterm. Fabrika-Pl.
F Anlegest. SeaBus
Roter Kasten: Einkaufsstr.

Checkliste

O Wettercheck wegen des Windes
O Visum (PLF) beantragt?
O Führerschein dabei? Gültig?
O Führerschein hat die richtige Klasse?
O Impfpass oder Test dabei?
O Hotel kontaktiert wg. Anreisezeit?
O Transfer bestellt, wenn Sie vor 9.30 oder nach 21.15 Uhr (Buszeiten) landen?
O QR-Code ausgedruckt?
Alles erledigt?

Dann: kalo taxidi – gute Reise!